# TRANZLATY

## Sprache ist für alle da

Language is for everyone

# Die Schöne und das Biest

Beauty and the Beast

Gabrielle-Suzanne Barbot de Villeneuve

Deutsch / English

Copyright © 2025 Tranzlaty
All rights reserved
Published by Tranzlaty
ISBN: 978-1-83566-974-7
Original text by Gabrielle-Suzanne Barbot de Villeneuve
La Belle et la Bête
First published in French in 1740
Taken from The Blue Fairy Book (Andrew Lang)
Illustration by Walter Crane
**www.tranzlaty.com**

**Es war einmal ein reicher Kaufmann**
There was once a rich merchant
**dieser reiche Kaufmann hatte sechs Kinder**
this rich merchant had six children
**Er hatte drei Söhne und drei Töchter**
he had three sons and three daughters
**Er hat keine Kosten für ihre Ausbildung gescheut**
he spared no cost for their education
**weil er ein vernünftiger Mann war**
because he was a man of sense
**aber er gab seinen Kindern viele Diener**
but he gave his children many servants
**seine Töchter waren überaus hübsch**
his daughters were extremely pretty
**und seine jüngste Tochter war besonders hübsch**
and his youngest daughter was especially pretty
**Schon als Kind wurde ihre Schönheit bewundert**
as a child her Beauty was already admired
**und die Leute nannten sie nach ihrer Schönheit**
and the people called her by her Beauty
**Ihre Schönheit verblasste nicht, als sie älter wurde**
her Beauty did not fade as she got older
**Deshalb nannten die Leute sie weiterhin wegen ihrer Schönheit**
so the people kept calling her by her Beauty
**das machte ihre Schwestern sehr eifersüchtig**
this made her sisters very jealous
**Die beiden ältesten Töchter waren sehr stolz**
the two eldest daughters had a great deal of pride
**Ihr Reichtum war die Quelle ihres Stolzes**
their wealth was the source of their pride
**und sie verbargen ihren Stolz nicht**
and they didn't hide their pride either
**Sie besuchten nicht die Töchter anderer Kaufleute**
they did not visit other merchants' daughters
**weil sie nur mit Aristokraten zusammentreffen**

because they only meet with aristocracy
**Sie gingen jeden Tag zu Partys**
they went out every day to parties
**Bälle, Theaterstücke, Konzerte usw.**
balls, plays, concerts, and so forth
**und sie lachten über ihre jüngste Schwester**
and they laughed at their youngest sister
**weil sie die meiste Zeit mit Lesen verbrachte**
because she spent most of her time reading
**Es war allgemein bekannt, dass sie reich waren**
it was well known that they were wealthy
**so hielten mehrere bedeutende Kaufleute um ihre Hand an**
so several eminent merchants asked for their hand
**aber sie sagten, sie würden nicht heiraten**
but they said they were not going to marry
**aber sie waren bereit, einige Ausnahmen zu machen**
but they were prepared to make some exceptions
**„Vielleicht könnte ich einen Herzog heiraten"**
"perhaps I could marry a Duke"
**„Ich schätze, ich könnte einen Grafen heiraten"**
"I guess I could marry an Earl"
**Schönheit dankte sehr höflich denen, die ihr einen Antrag gemacht hatten**
Beauty very civilly thanked those that proposed to her
**Sie sagte ihnen, sie sei noch zu jung zum Heiraten**
she told them she was still too young to marry
**Sie wollte noch ein paar Jahre bei ihrem Vater bleiben**
she wanted to stay a few more years with her father
**Auf einmal verlor der Kaufmann sein Vermögen**
All at once the merchant lost his fortune
**er verlor alles außer einem kleinen Landhaus**
he lost everything apart from a small country house
**und er sagte seinen Kindern mit Tränen in den Augen:**
and he told his children with tears in his eyes:
**„Wir müssen aufs Land gehen"**
"we must go to the countryside"

„und wir müssen für unseren Lebensunterhalt arbeiten"
"and we must work for our living"
die beiden ältesten Töchter wollten die Stadt nicht verlassen
the two eldest daughters didn't want to leave the town
Sie hatten mehrere Liebhaber in der Stadt
they had several lovers in the city
und sie waren sicher, dass einer ihrer Liebhaber sie heiraten würde
and they were sure one of their lovers would marry them
Sie dachten, ihre Liebhaber würden sie heiraten, auch wenn sie kein Vermögen hätten
they thought their lovers would marry them even with no fortune
aber die guten Damen haben sich geirrt
but the good ladies were mistaken
Ihre Liebhaber verließen sie sehr schnell
their lovers abandoned them very quickly
weil sie kein Vermögen mehr hatten
because they had no fortunes any more
das zeigte, dass sie nicht wirklich beliebt waren
this showed they were not actually well liked
alle sagten, sie verdienen kein Mitleid
everybody said they do not deserve to be pitied
„Wir sind froh, dass ihr Stolz gedemütigt wurde"
"we are glad to see their pride humbled"
„Lasst sie stolz darauf sein, Kühe zu melken"
"let them be proud of milking cows"
aber sie waren um Schönheit besorgt
but they were concerned for Beauty
sie war so ein süßes Geschöpf
she was such a sweet creature
Sie sprach so freundlich zu armen Leuten
she spoke so kindly to poor people
und sie war von solch unschuldiger Natur
and she was of such an innocent nature
Mehrere Herren hätten sie geheiratet

Several gentlemen would have married her
**Sie hätten sie geheiratet, obwohl sie arm war**
they would have married her even though she was poor
**aber sie sagte ihnen, sie könne sie nicht heiraten**
but she told them she couldn't marry them
**weil sie ihren Vater nicht verlassen wollte**
because she would not leave her father
**sie war entschlossen, mit ihm aufs Land zu fahren**
she was determined to go with him to the countryside
**damit sie ihn trösten und ihm helfen konnte**
so that she could comfort and help him
**Die arme Schönheit war zunächst sehr betrübt**
Poor Beauty was very grieved at first
**sie war betrübt über den Verlust ihres Vermögens**
she was grieved by the loss of her fortune
**„Aber Weinen wird mein Schicksal nicht ändern"**
"but crying won't change my fortunes"
**„Ich muss versuchen, ohne Reichtum glücklich zu sein"**
"I must try to make myself happy without wealth"
**Sie kamen zu ihrem Landhaus**
they came to their country house
**und der Kaufmann und seine drei Söhne widmeten sich der Landwirtschaft**
and the merchant and his three sons applied themselves to husbandry
**Schönheit stand um vier Uhr morgens auf**
Beauty rose at four in the morning
**und sie beeilte sich, das Haus zu putzen**
and she hurried to clean the house
**und sie sorgte dafür, dass das Abendessen fertig war**
and she made sure dinner was ready
**ihr neues Leben fiel ihr zunächst sehr schwer**
in the beginning she found her new life very difficult
**weil sie diese Arbeit nicht gewohnt war**
because she had not been used to such work
**aber in weniger als zwei Monaten wurde sie stärker**

but in less than two months she grew stronger
**und sie war gesünder als je zuvor**
and she was healthier than ever before
**nachdem sie ihre arbeit erledigt hatte, las sie**
after she had done her work she read
**sie spielte Cembalo**
she played on the harpsichord
**oder sie sang, während sie Seide spann**
or she sung whilst she spun silk
**im Gegenteil, ihre beiden Schwestern wussten nicht, wie sie ihre Zeit verbringen sollten**
on the contrary, her two sisters did not know how to spend their time
**Sie standen um zehn auf und taten den ganzen Tag nichts anderes als herumzufaulenzen**
they got up at ten and did nothing but laze about all day
**Sie beklagten den Verlust ihrer schönen Kleider**
they lamented the loss of their fine clothes
**und sie beklagten sich über den Verlust ihrer Bekannten**
and they complained about losing their acquaintances
**„Schau dir unsere jüngste Schwester an", sagten sie zueinander**
"Have a look at our youngest sister," they said to each other
**„Was für ein armes und dummes Geschöpf sie ist"**
"what a poor and stupid creature she is"
**„Es ist gemein, mit so wenig zufrieden zu sein"**
"it is mean to be content with so little"
**der freundliche Kaufmann war ganz anderer Meinung**
the kind merchant was of quite a different opinion
**er wusste sehr wohl, dass Schönheit ihre Schwestern übertraf**
he knew very well that Beauty outshone her sisters
**Sie übertraf sie sowohl charakterlich als auch geistig**
she outshone them in character as well as mind
**er bewunderte ihre Bescheidenheit und ihre harte Arbeit**
he admired her humility and her hard work

**aber am meisten bewunderte er ihre Geduld**
but most of all he admired her patience
**Ihre Schwestern überließen ihr die ganze Arbeit**
her sisters left her all the work to do
**und sie beleidigten sie ständig**
and they insulted her every moment
**Die Familie hatte etwa ein Jahr lang so gelebt**
The family had lived like this for about a year
**dann bekam der Kaufmann einen Brief von einem Buchhalter**
then the merchant got a letter from an accountant
**er hatte in ein Schiff investiert**
he had an investment in a ship
**und das Schiff war sicher angekommen**
and the ship had safely arrived
**diese Nachricht ließ die beiden ältesten Töchter staunen**
this news turned the heads of the two eldest daughters
**Sie hatten sofort die Hoffnung, in die Stadt zurückzukehren**
they immediately had hopes of returning to town
**weil sie des Landlebens überdrüssig waren**
because they were quite weary of country life
**Sie gingen zu ihrem Vater, als er ging**
they went to their father as he was leaving
**Sie baten ihn, ihnen neue Kleider zu kaufen**
they begged him to buy them new clothes
**Kleider, Bänder und allerlei Kleinigkeiten**
dresses, ribbons, and all sorts of little things
**aber die Schönheit verlangte nichts**
but Beauty asked for nothing
**weil sie dachte, das Geld würde nicht reichen**
because she thought the money wasn't going to be enough
**es würde nicht reichen, um alles zu kaufen, was ihre Schwestern wollten**
there wouldn't be enough to buy everything her sisters wanted
**„Was möchtest du, Schönheit?", fragte ihr Vater**

"What would you like, Beauty?" asked her father
**"Danke, Vater, dass du so nett bist, an mich zu denken", sagte sie**
"thank you, father, for the goodness to think of me," she said
**„Vater, sei so freundlich und bring mir eine Rose mit"**
"father, be so kind as to bring me a rose"
**„weil hier im Garten keine Rosen wachsen"**
"because no roses grow here in the garden"
**„und Rosen sind eine Art Rarität"**
"and roses are a kind of rarity"
**Schönheit mochte Rosen nicht wirklich**
Beauty didn't really care for roses
**sie bat nur um etwas, um ihre Schwestern nicht zu verurteilen**
she only asked for something not to condemn her sisters
**aber ihre Schwestern dachten, sie hätte aus anderen Gründen nach Rosen gefragt**
but her sisters thought she asked for roses for other reasons
**„Sie hat es nur getan, um besonders auszusehen"**
"she did it just to look particular"
**Der freundliche Mann machte sich auf die Reise**
The kind man went on his journey
**aber als er ankam, stritten sie über die Ware**
but when he arrived they argued about the merchandise
**und nach viel Ärger kam er genauso arm zurück wie zuvor**
and after a lot of trouble he came back as poor as before
**er war nur ein paar Stunden von seinem eigenen Haus entfernt**
he was within a couple of hours of his own house
**und er stellte sich schon die Freude vor, seine Kinder zu sehen**
and he already imagined the joy of seeing his children
**aber als er durch den Wald ging, verirrte er sich**
but when going through forest he got lost
**es hat furchtbar geregnet und geschneit**
it rained and snowed terribly

**der Wind war so stark, dass er ihn vom Pferd warf**
the wind was so strong it threw him off his horse
**und die Nacht kam schnell**
and night was coming quickly
**er begann zu glauben, er müsse verhungern**
he began to think that he might starve
**und er dachte, er könnte erfrieren**
and he thought that he might freeze to death
**und er dachte, Wölfe könnten ihn fressen**
and he thought wolves may eat him
**die Wölfe, die er um sich herum heulen hörte**
the wolves that he heard howling all round him
**aber plötzlich sah er ein Licht**
but all of a sudden he saw a light
**er sah das Licht in der Ferne durch die Bäume**
he saw the light at a distance through the trees
**als er näher kam, sah er, dass das Licht ein Palast war**
when he got closer he saw the light was a palace
**der Palast war von oben bis unten beleuchtet**
the palace was illuminated from top to bottom
**Der Kaufmann dankte Gott für sein Glück**
the merchant thanked God for his luck
**und er eilte zum Palast**
and he hurried to the palace
**aber er war überrascht, keine Leute im Palast zu sehen**
but he was surprised to see no people in the palace
**der Hof war völlig leer**
the court yard was completely empty
**und nirgendwo ein Lebenszeichen**
and there was no sign of life anywhere
**sein Pferd folgte ihm in den Palast**
his horse followed him into the palace
**und dann fand sein Pferd großen Stall**
and then his horse found large stable
**das arme Tier war fast verhungert**
the poor animal was almost famished

**also ging sein Pferd hinein, um Heu und Hafer zu finden**
so his horse went in to find hay and oats
**zum Glück fand er reichlich zu essen**
fortunately he found plenty to eat
**und der Kaufmann band sein Pferd an die Krippe**
and the merchant tied his horse up to the manger
**Als er zum Haus ging, sah er niemanden**
walking towards the house he saw no one
**aber in einer großen Halle fand er ein gutes Feuer**
but in a large hall he found a good fire
**und er fand einen Tisch für eine Person gedeckt**
and he found a table set for one
**er war nass vom Regen und Schnee**
he was wet from the rain and snow
**Also ging er zum Feuer, um sich abzutrocknen**
so he went near the fire to dry himself
**„Ich hoffe, der Hausherr entschuldigt mich"**
"I hope the master of the house will excuse me"
**„Ich schätze, es wird nicht lange dauern, bis jemand auftaucht."**
"I suppose it won't take long for someone to appear"
**Er wartete eine beträchtliche Zeit**
He waited a considerable time
**er wartete, bis es elf schlug, und noch immer kam niemand**
he waited until it struck eleven, and still nobody came
**Schließlich war er so hungrig, dass er nicht länger warten konnte**
at last he was so hungry that he could wait no longer
**er nahm ein Hühnchen und aß es in zwei Bissen**
he took some chicken and ate it in two mouthfuls
**er zitterte beim Essen**
he was trembling while eating the food
**danach trank er ein paar Gläser Wein**
after this he drank a few glasses of wine
**Er wurde mutiger und verließ den Saal**
growing more courageous he went out of the hall

**und er durchquerte mehrere große Hallen**
and he crossed through several grand halls
**Er ging durch den Palast, bis er in eine Kammer kam**
he walked through the palace until he came into a chamber
**eine Kammer, in der sich ein überaus gutes Bett befand**
a chamber which had an exceeding good bed in it
**er war von der Tortur sehr erschöpft**
he was very much fatigued from his ordeal
**und es war schon nach Mitternacht**
and the time was already past midnight
**also beschloss er, dass es das Beste sei, die Tür zu schließen**
so he decided it was best to shut the door
**und er beschloss, dass er zu Bett gehen sollte**
and he concluded he should go to bed
**Es war zehn Uhr morgens, als der Kaufmann aufwachte**
It was ten in the morning when the merchant woke up
**gerade als er aufstehen wollte, sah er etwas**
just as he was going to rise he saw something
**er war erstaunt, saubere Kleidung zu sehen**
he was astonished to see a clean set of clothes
**an der Stelle, wo er seine schmutzigen Kleider zurückgelassen hatte**
in the place where he had left his dirty clothes
**"Mit Sicherheit gehört dieser Palast einer netten Fee"**
"certainly this palace belongs to some kind fairy"
**„eine Fee, die mich gesehen und bemitleidet hat"**
"a fairy who has seen and pitied me"
**er sah durch ein Fenster**
he looked through a window
**aber statt Schnee sah er den herrlichsten Garten**
but instead of snow he saw the most delightful garden
**und im Garten waren die schönsten Rosen**
and in the garden were the most beautiful roses
**dann kehrte er in die große Halle zurück**
he then returned to the great hall
**der Saal, in dem er am Abend zuvor Suppe gegessen hatte**

the hall where he had had soup the night before
**und er fand etwas Schokolade auf einem kleinen Tisch**
and he found some chocolate on a little table
**„Danke, liebe Frau Fee", sagte er laut**
"Thank you, good Madam Fairy," he said aloud
**„Danke für Ihre Fürsorge"**
"thank you for being so caring"
**„Ich bin Ihnen für all Ihre Gefälligkeiten äußerst dankbar"**
"I am extremely obliged to you for all your favours"
**Der freundliche Mann trank seine Schokolade**
the kind man drank his chocolate
**und dann ging er sein Pferd suchen**
and then he went to look for his horse
**aber im Garten erinnerte er sich an die Bitte der Schönheit**
but in the garden he remembered Beauty's request
**und er schnitt einen Rosenzweig ab**
and he cut off a branch of roses
**sofort hörte er ein lautes Geräusch**
immediately he heard a great noise
**und er sah ein furchtbar furchtbares Tier**
and he saw a terribly frightful Beast
**er war so erschrocken, dass er kurz davor war, ohnmächtig zu werden**
he was so scared that he was ready to faint
**„Du bist sehr undankbar", sagte das Tier zu ihm**
"You are very ungrateful," said the Beast to him
**und das Tier sprach mit schrecklicher Stimme**
and the Beast spoke in a terrible voice
**„Ich habe dein Leben gerettet, indem ich dich in mein Schloss gelassen habe"**
"I have saved your life by allowing you into my castle"
**"und dafür stiehlst du mir im Gegenzug meine Rosen?"**
"and for this you steal my roses in return?"
**„Die Rosen sind für mich mehr wert als alles andere"**
"The roses which I value beyond anything"
**„Aber du wirst für das, was du getan hast, sterben"**

"but you shall die for what you've done"
**„Ich gebe Ihnen nur eine Viertelstunde, um sich vorzubereiten"**
"I give you but a quarter of an hour to prepare yourself"
**„Bereiten Sie sich auf den Tod vor und sprechen Sie Ihre Gebete"**
"get yourself ready for death and say your prayers"
**der Kaufmann fiel auf die Knie**
the merchant fell on his knees
**und er hob beide Hände**
and he lifted up both his hands
**„Mein Herr, ich flehe Sie an, mir zu vergeben"**
"My lord, I beseech you to forgive me"
**„Ich hatte nicht die Absicht, Sie zu beleidigen"**
"I had no intention of offending you"
**„Ich habe für eine meiner Töchter eine Rose gepflückt"**
"I gathered a rose for one of my daughters"
**„Sie bat mich, ihr eine Rose mitzubringen"**
"she asked me to bring her a rose"
**„Ich bin nicht euer Herr, sondern ein Tier", antwortete das Monster**
"I am not your lord, but I am a Beast," replied the monster
**„Ich mag keine Komplimente"**
"I don't love compliments"
**„Ich mag Menschen, die so sprechen, wie sie denken"**
"I like people who speak as they think"
**„glauben Sie nicht, dass ich durch Schmeicheleien bewegt werden kann"**
"do not imagine I can be moved by flattery"
**„Aber Sie sagen, Sie haben Töchter"**
"But you say you have got daughters"
**„Ich werde dir unter einer Bedingung vergeben"**
"I will forgive you on one condition"
**„Eine deiner Töchter muss freiwillig in meinen Palast kommen"**
"one of your daughters must come to my palace willingly"

"und sie muss für dich leiden"
"and she must suffer for you"
„Gib mir Dein Wort"
"Let me have your word"
„Und dann können Sie Ihren Geschäften nachgehen"
"and then you can go about your business"
„Versprich mir das:"
"Promise me this:"
„Wenn Ihre Tochter sich weigert, für Sie zu sterben, müssen Sie innerhalb von drei Monaten zurückkehren"
"if your daughter refuses to die for you, you must return within three months"
der Kaufmann hatte nicht die Absicht, seine Töchter zu opfern
the merchant had no intentions to sacrifice his daughters
aber da ihm Zeit gegeben wurde, wollte er seine Töchter noch einmal sehen
but, since he was given time, he wanted to see his daughters once more
also versprach er, dass er zurückkehren würde
so he promised he would return
und das Tier sagte ihm, er könne aufbrechen, wann er wolle
and the Beast told him he might set out when he pleased
und das Tier erzählte ihm noch etwas
and the Beast told him one more thing
„Du sollst nicht mit leeren Händen gehen"
"you shall not depart empty handed"
„Geh zurück in das Zimmer, in dem du lagst"
"go back to the room where you lay"
„Sie werden eine große leere Schatzkiste sehen"
"you will see a great empty treasure chest"
„Fülle die Schatzkiste mit allem, was Dir am besten gefällt"
"fill the treasure chest with whatever you like best"
„und ich werde die Schatzkiste zu Dir nach Hause schicken"
"and I will send the treasure chest to your home"
und gleichzeitig zog sich das Tier zurück

and at the same time the Beast withdrew
„Nun", sagte sich der gute Mann
"Well," said the good man to himself
„Wenn ich sterben muss, werde ich meinen Kindern wenigstens etwas hinterlassen"
"if I must die, I shall at least leave something to my children"
so kehrte er ins Schlafzimmer zurück
so he returned to the bedchamber
und er fand sehr viele Goldstücke
and he found a great many pieces of gold
er füllte die Schatzkiste, die das Tier erwähnt hatte
he filled the treasure chest the Beast had mentioned
und er holte sein Pferd aus dem Stall
and he took his horse out of the stable
die Freude, die er beim Betreten des Palastes empfand, war nun genauso groß wie die Trauer, die er beim Verlassen des Palastes empfand
the joy he felt when entering the palace was now equal to the grief he felt leaving it
Das Pferd nahm einen der Wege im Wald
the horse took one of the roads of the forest
und in wenigen Stunden war der gute Mann zu Hause
and in a few hours the good man was home
seine Kinder kamen zu ihm
his children came to him
aber anstatt ihre Umarmungen mit Freude entgegenzunehmen, sah er sie an
but instead of receiving their embraces with pleasure, he looked at them
er hielt den Ast hoch, den er in den Händen hielt
he held up the branch he had in his hands
und dann brach er in Tränen aus
and then he burst into tears
„Schönheit", sagte er, „nimm bitte diese Rosen"
"Beauty," he said, "please take these roses"
„Sie können nicht wissen, wie teuer diese Rosen waren"

"you can't know how costly these roses have been"
**„Diese Rosen haben deinen Vater das Leben gekostet"**
"these roses have cost your father his life"
**und dann erzählte er von seinem tödlichen Abenteuer**
and then he told of his fatal adventure
**Sofort schrien die beiden ältesten Schwestern**
immediately the two eldest sisters cried out
**und sie sagten viele gemeine Dinge zu ihrer schönen Schwester**
and they said many mean things to their beautiful sister
**aber die Schönheit weinte überhaupt nicht**
but Beauty did not cry at all
**„Seht euch den Stolz dieses kleinen Schurken an", sagten sie**
"Look at the pride of that little wretch," said they
**„Sie hat nicht nach schönen Kleidern gefragt"**
"she did not ask for fine clothes"
**„Sie hätte tun sollen, was wir getan haben"**
"she should have done what we did"
**„Sie wollte sich hervortun"**
"she wanted to distinguish herself"
**„so wird sie nun den Tod unseres Vaters bedeuten"**
"so now she will be the death of our father"
**„und doch vergießt sie keine Träne"**
"and yet she does not shed a tear"
**"Warum sollte ich weinen?", antwortete die Schönheit**
"Why should I cry?" answered Beauty
**„Weinen wäre völlig unnötig"**
"crying would be very needless"
**„Mein Vater wird nicht für mich leiden"**
"my father will not suffer for me"
**„Das Monster wird eine seiner Töchter akzeptieren"**
"the monster will accept of one of his daughters"
**„Ich werde mich seiner ganzen Wut aussetzen"**
"I will offer myself up to all his fury"
**„Ich bin sehr glücklich, denn mein Tod wird das Leben**

**meines Vaters retten"**
"I am very happy, because my death will save my father's life"
**„Mein Tod wird ein Beweis meiner Liebe sein"**
"my death will be a proof of my love"
**„Nein, Schwester", sagten ihre drei Brüder**
"No, sister," said her three brothers
**„das darf nicht sein"**
"that shall not be"
**„Wir werden das Monster finden"**
"we will go find the monster"
**"und entweder wir werden ihn töten..."**
"and either we will kill him..."
**„... oder wir werden bei dem Versuch umkommen"**
"... or we will perish in the attempt"
**„Stellt euch nichts dergleichen vor, meine Söhne", sagte der Kaufmann**
"Do not imagine any such thing, my sons," said the merchant
**„Die Kraft des Biests ist so groß, dass ich keine Hoffnung habe, dass Ihr es besiegen könntet."**
"the Beast's power is so great that I have no hope you could overcome him"
**„Ich bin entzückt von dem freundlichen und großzügigen Angebot der Schönheit"**
"I am charmed with Beauty's kind and generous offer"
**„aber ich kann ihre Großzügigkeit nicht annehmen"**
"but I cannot accept to her generosity"
**„Ich bin alt und habe nicht mehr lange zu leben"**
"I am old, and I don't have long to live"
**„also kann ich nur ein paar Jahre verlieren"**
"so I can only loose a few years"
**„Zeit, die ich für euch bereue, meine lieben Kinder"**
"time which I regret for you, my dear children"
**„Aber Vater", sagte die Schönheit**
"But father," said Beauty
**„Du sollst nicht ohne mich in den Palast gehen"**
"you shall not go to the palace without me"

**„Du kannst mich nicht davon abhalten, dir zu folgen"**
"you cannot stop me from following you"
**nichts könnte Schönheit vom Gegenteil überzeugen**
nothing could convince Beauty otherwise
**Sie bestand darauf, in den schönen Palast zu gehen**
she insisted on going to the fine palace
**und ihre Schwestern waren erfreut über ihre Beharrlichkeit**
and her sisters were delighted at her insistence
**Der Kaufmann war besorgt bei dem Gedanken, seine Tochter zu verlieren**
The merchant was worried at the thought of losing his daughter
**er war so besorgt, dass er die Truhe voller Gold vergessen hatte**
he was so worried that he had forgotten about the chest full of gold
**Abends begab er sich zur Ruhe und schloss die Tür seines Zimmers.**
at night he retired to rest, and he shut his chamber door
**Dann fand er zu seinem großen Erstaunen den Schatz neben seinem Bett.**
then, to his great astonishment, he found the treasure by his bedside
**er war entschlossen, es seinen Kindern nicht zu erzählen**
he was determined not to tell his children
**Wenn sie es gewusst hätten, wären sie in die Stadt zurückgekehrt**
if they knew, they would have wanted to return to town
**und er war entschlossen, das Land nicht zu verlassen**
and he was resolved not to leave the countryside
**aber er vertraute der Schönheit das Geheimnis**
but he trusted Beauty with the secret
**Sie teilte ihm mit, dass zwei Herren gekommen seien**
she informed him that two gentlemen had came
**und sie machten ihren Schwestern einen Heiratsantrag**
and they made proposals to her sisters

**Sie bat ihren Vater, ihrer Heirat zuzustimmen**
she begged her father to consent to their marriage
**und sie bat ihn, ihnen etwas von seinem Vermögen zu geben**
and she asked him to give them some of his fortune
**sie hatte ihnen bereits vergeben**
she had already forgiven them
**Die bösen Kreaturen rieben ihre Augen mit Zwiebeln**
the wicked creatures rubbed their eyes with onions
**um beim Abschied von der Schwester ein paar Tränen zu vergießen**
to force some tears when they parted with their sister
**aber ihre Brüder waren wirklich besorgt**
but her brothers really were concerned
**Schönheit war die einzige, die keine Tränen vergoss**
Beauty was the only one who did not shed any tears
**sie wollte ihr Unbehagen nicht vergrößern**
she did not want to increase their uneasiness
**Das Pferd nahm den direkten Weg zum Palast**
the horse took the direct road to the palace
**und gegen Abend sahen sie den erleuchteten Palast**
and towards evening they saw the illuminated palace
**das Pferd begab sich wieder in den Stall**
the horse took himself into the stable again
**und der gute Mann und seine Tochter gingen in die große Halle**
and the good man and his daughter went into the great hall
**hier fanden sie einen herrlich gedeckten Tisch**
here they found a table splendidly served up
**der Kaufmann hatte keinen Appetit zu essen**
the merchant had no appetite to eat
**aber die Schönheit bemühte sich, fröhlich zu erscheinen**
but Beauty endeavoured to appear cheerful
**sie setzte sich an den Tisch und half ihrem Vater**
she sat down at the table and helped her father
**aber sie dachte auch bei sich:**

but she also thought to herself:
**„Das Biest will mich sicher mästen, bevor es mich frisst"**
"Beast surely wants to fatten me before he eats me"
**„deshalb sorgt er für so viel Unterhaltung"**
"that is why he provides such plentiful entertainment"
**Nachdem sie gegessen hatten, hörten sie ein großes Geräusch**
after they had eaten they heard a great noise
**und der Kaufmann verabschiedete sich mit Tränen in den Augen von seinem unglücklichen Kind**
and the merchant bid his unfortunate child farewell, with tears in his eyes
**weil er wusste, dass das Biest kommen würde**
because he knew the Beast was coming
**Die Schönheit war entsetzt über seine schreckliche Gestalt**
Beauty was terrified at his horrid form
**aber sie nahm ihren Mut zusammen, so gut sie konnte**
but she took courage as well as she could
**und das Monster fragte sie, ob sie freiwillig mitkäme**
and the monster asked her if she came willingly
**"ja, ich bin freiwillig gekommen", sagte sie zitternd**
"yes, I have come willingly," she said trembling
**Das Tier antwortete: „Du bist sehr gut"**
the Beast responded, "You are very good"
**„und ich bin Ihnen zu großem Dank verpflichtet, ehrlicher Mann"**
"and I am greatly obliged to you; honest man"
**„Geht morgen früh eure Wege"**
"go your ways tomorrow morning"
**„aber denk nie daran, wieder hierher zu kommen"**
"but never think of coming here again"
**„Lebe wohl, Schönheit, lebe wohl, Biest", antwortete er**
"Farewell Beauty, farewell Beast," he answered
**und sofort zog sich das Monster zurück**
and immediately the monster withdrew
**"Oh, Tochter", sagte der Kaufmann**

"Oh, daughter," said the merchant
**und er umarmte seine Tochter noch einmal**
and he embraced his daughter once more
**„Ich habe fast Todesangst"**
"I am almost frightened to death"
**„glauben Sie mir, Sie sollten lieber zurückgehen"**
"believe me, you had better go back"
**„Lass mich hier bleiben, statt dir"**
"let me stay here, instead of you"
**„Nein, Vater", sagte die Schönheit entschlossen**
"No, father," said Beauty, in a resolute tone
**„Du sollst morgen früh aufbrechen"**
"you shall set out tomorrow morning"
**„überlasse mich der Obhut und dem Schutz der Vorsehung"**
"leave me to the care and protection of providence"
**trotzdem gingen sie zu Bett**
nonetheless they went to bed
**Sie dachten, sie würden die ganze Nacht kein Auge zutun**
they thought they would not close their eyes all night
**aber als sie sich hinlegten, schliefen sie ein**
but just as they lay down they slept
**Die Schönheit träumte, eine schöne Dame kam und sagte zu ihr:**
Beauty dreamed a fine lady came and said to her:
**„Ich bin zufrieden, Schönheit, mit deinem guten Willen"**
"I am content, Beauty, with your good will"
**„Diese gute Tat von Ihnen wird nicht unbelohnt bleiben"**
"this good action of yours shall not go unrewarded"
**Die Schöne erwachte und erzählte ihrem Vater ihren Traum**
Beauty waked and told her father her dream
**der Traum tröstete ihn ein wenig**
the dream helped to comfort him a little
**aber er konnte nicht anders, als bitterlich zu weinen, als er ging**
but he could not help crying bitterly as he was leaving
**Sobald er weg war, setzte sich Schönheit in die große Halle**

**und weinte ebenfalls**
as soon as he was gone, Beauty sat down in the great hall and cried too
**aber sie beschloss, sich keine Sorgen zu machen**
but she resolved not to be uneasy
**Sie beschloss, in der kurzen Zeit, die ihr noch zu leben blieb, stark zu sein**
she decided to be strong for the little time she had left to live
**weil sie fest davon überzeugt war, dass das Biest sie fressen würde**
because she firmly believed the Beast would eat her
**Sie dachte jedoch, sie könnte genauso gut den Palast erkunden**
however, she thought she might as well explore the palace
**und sie wollte das schöne Schloss besichtigen**
and she wanted to view the fine castle
**ein Schloss, das sie bewundern musste**
a castle which she could not help admiring
**Es war ein wunderbar angenehmer Palast**
it was a delightfully pleasant palace
**und sie war äußerst überrascht, als sie eine Tür sah**
and she was extremely surprised at seeing a door
**und über der Tür stand, dass es ihr Zimmer sei**
and over the door was written that it was her room
**sie öffnete hastig die Tür**
she opened the door hastily
**und sie war ganz geblendet von der Pracht des Raumes**
and she was quite dazzled with the magnificence of the room
**was ihre Aufmerksamkeit vor allem auf sich zog, war eine große Bibliothek**
what chiefly took up her attention was a large library
**ein Cembalo und mehrere Notenbücher**
a harpsichord and several music books
**„Nun", sagte sie zu sich selbst**
"Well," said she to herself
**„Ich sehe, das Biest wird meine Zeit nicht verstreichen**

lassen"
"I see the Beast will not let my time hang heavy"
**dann dachte sie über ihre Situation nach**
then she reflected to herself about her situation
**„Wenn ich einen Tag bleiben sollte, wäre das alles nicht hier"**
"If I was meant to stay a day all this would not be here"
**diese Überlegung gab ihr neuen Mut**
this consideration inspired her with fresh courage
**und sie nahm ein Buch aus ihrer neuen Bibliothek**
and she took a book from her new library
**und sie las diese Worte in goldenen Buchstaben:**
and she read these words in golden letters:
**„Begrüße Schönheit, vertreibe die Angst"**
"Welcome Beauty, banish fear"
**„Du bist hier Königin und Herrin"**
"You are queen and mistress here"
**„Sprich deine Wünsche aus, sprich deinen Willen aus"**
"Speak your wishes, speak your will"
**„Schneller Gehorsam begegnet hier Ihren Wünschen"**
"Swift obedience meets your wishes here"
**"Ach", sagte sie mit einem Seufzer**
"Alas," said she, with a sigh
**„Am meisten wünsche ich mir, meinen armen Vater zu sehen"**
"Most of all I wish to see my poor father"
**„und ich würde gerne wissen, was er tut"**
"and I would like to know what he is doing"
**Kaum hatte sie das gesagt, bemerkte sie den Spiegel**
As soon as she had said this she noticed the mirror
**zu ihrem großen Erstaunen sah sie ihr eigenes Zuhause im Spiegel**
to her great amazement she saw her own home in the mirror
**Ihr Vater kam emotional erschöpft an**
her father arrived emotionally exhausted
**Ihre Schwestern gingen ihm entgegen**

her sisters went to meet him
**trotz ihrer Versuche, traurig zu wirken, war ihre Freude sichtbar**
despite their attempts to appear sorrowful, their joy was visible
**einen Moment später war alles verschwunden**
a moment later everything disappeared
**und auch die Befürchtungen der Schönheit verschwanden**
and Beauty's apprehensions disappeared too
**denn sie wusste, dass sie dem Tier vertrauen konnte**
for she knew she could trust the Beast
**Mittags fand sie das Abendessen fertig**
At noon she found dinner ready
**sie setzte sich an den Tisch**
she sat herself down at the table
**und sie wurde mit einem Musikkonzert unterhalten**
and she was entertained with a concert of music
**obwohl sie niemanden sehen konnte**
although she couldn't see anybody
**abends setzte sie sich wieder zum Abendessen**
at night she sat down for supper again
**diesmal hörte sie das Geräusch, das das Tier machte**
this time she heard the noise the Beast made
**und sie konnte nicht anders, als Angst zu haben**
and she could not help being terrified
**"Schönheit", sagte das Monster**
"Beauty," said the monster
**"erlaubst du mir, mit dir zu essen?"**
"do you allow me to eat with you?"
**"Mach, was du willst", antwortete die Schönheit zitternd**
"do as you please," Beauty answered trembling
**„Nein", antwortete das Tier**
"No," replied the Beast
**„Du allein bist hier die Herrin"**
"you alone are mistress here"
**„Sie können mich wegschicken, wenn ich Ärger mache"**

"you can send me away if I'm troublesome"
**„schick mich fort, und ich werde mich sofort zurückziehen"**
"send me away and I will immediately withdraw"
**„Aber sagen Sie mir: Finden Sie mich nicht sehr hässlich?"**
"But, tell me; do you not think I am very ugly?"
**„Das stimmt", sagte die Schönheit**
"That is true," said Beauty
**„Ich kann nicht lügen"**
"I cannot tell a lie"
**„aber ich glaube, Sie sind sehr gutmütig"**
"but I believe you are very good natured"
**„Das bin ich tatsächlich", sagte das Monster**
"I am indeed," said the monster
**„Aber abgesehen von meiner Hässlichkeit habe ich auch keinen Verstand"**
"But apart from my ugliness, I also have no sense"
**„Ich weiß sehr wohl, dass ich ein dummes Wesen bin"**
"I know very well that I am a silly creature"
**„Es ist kein Zeichen von Torheit, so zu denken", antwortete die Schönheit**
"It is no sign of folly to think so," replied Beauty
**„Dann iss, Schönheit", sagte das Monster**
"Eat then, Beauty," said the monster
**„Versuchen Sie, sich in Ihrem Palast zu amüsieren"**
"try to amuse yourself in your palace"
**"alles hier gehört dir"**
"everything here is yours"
**„Und ich wäre sehr unruhig, wenn Sie nicht glücklich wären"**
"and I would be very uneasy if you were not happy"
**„Sie sind sehr zuvorkommend", antwortete die Schönheit**
"You are very obliging," answered Beauty
**„Ich gebe zu, ich freue mich über Ihre Freundlichkeit"**
"I admit I am pleased with your kindness"
**„Und wenn ich über deine Freundlichkeit nachdenke, fallen mir deine Missbildungen kaum auf"**

"and when I consider your kindness, I hardly notice your deformities"
„Ja, ja", sagte das Tier, „mein Herz ist gut
"Yes, yes," said the Beast, "my heart is good
„Aber obwohl ich gut bin, bin ich immer noch ein Monster"
"but although I am good, I am still a monster"
„Es gibt viele Männer, die diesen Namen mehr verdienen als Sie."
"There are many men that deserve that name more than you"
„und ich bevorzuge dich, so wie du bist"
"and I prefer you just as you are"
„und ich ziehe dich denen vor, die ein undankbares Herz verbergen"
"and I prefer you more than those who hide an ungrateful heart"
"Wenn ich nur etwas Verstand hätte", antwortete das Biest
"if only I had some sense," replied the Beast
„Wenn ich vernünftig wäre, würde ich Ihnen als Dank ein schönes Kompliment machen"
"if I had sense I would make a fine compliment to thank you"
"aber ich bin so langweilig"
"but I am so dull"
„Ich kann nur sagen, dass ich Ihnen zu großem Dank verpflichtet bin"
"I can only say I am greatly obliged to you"
Schönheit aß ein herzhaftes Abendessen
Beauty ate a hearty supper
und sie hatte ihre Angst vor dem Monster fast überwunden
and she had almost conquered her dread of the monster
aber sie wollte ohnmächtig werden, als das Biest ihr die nächste Frage stellte
but she wanted to faint when the Beast asked her the next question
"Schönheit, willst du meine Frau werden?"
"Beauty, will you be my wife?"
es dauerte eine Weile, bis sie antworten konnte

she took some time before she could answer
**weil sie Angst hatte, ihn wütend zu machen**
because she was afraid of making him angry
**Schließlich sagte sie jedoch "nein, Biest"**
at last, however, she said "no, Beast"
**sofort zischte das arme Monster ganz fürchterlich**
immediately the poor monster hissed very frightfully
**und der ganze Palast hallte**
and the whole palace echoed
**aber die Schönheit erholte sich bald von ihrem Schrecken**
but Beauty soon recovered from her fright
**denn das Tier sprach wieder mit trauriger Stimme**
because Beast spoke again in a mournful voice
**„Dann leb wohl, Schönheit"**
"then farewell, Beauty"
**und er drehte sich nur ab und zu um**
and he only turned back now and then
**um sie anzusehen, als er hinausging**
to look at her as he went out
**jetzt war die Schönheit wieder allein**
now Beauty was alone again
**Sie empfand großes Mitgefühl**
she felt a great deal of compassion
**„Ach, es ist tausendmal schade"**
"Alas, it is a thousand pities"
**„Etwas, das so gutmütig ist, sollte nicht so hässlich sein"**
"anything so good natured should not be so ugly"
**Schönheit verbrachte drei Monate sehr zufrieden im Palast**
Beauty spent three months very contentedly in the palace
**jeden Abend stattete ihr das Biest einen Besuch ab**
every evening the Beast paid her a visit
**und sie redeten beim Abendessen**
and they talked during supper
**Sie sprachen mit gesundem Menschenverstand**
they talked with common sense
**aber sie sprachen nicht mit dem, was man als geistreich**

**bezeichnet**
but they didn't talk with what people call wittiness
**Schönheit entdeckte immer einen wertvollen Charakter im Biest**
Beauty always discovered some valuable character in the Beast
**und sie hatte sich an seine Missbildung gewöhnt**
and she had gotten used to his deformity
**sie fürchtete sich nicht mehr vor seinem Besuch**
she didn't dread the time of his visit anymore
**jetzt schaute sie oft auf die Uhr**
now she often looked at her watch
**und sie konnte es kaum erwarten, bis es neun Uhr war**
and she couldn't wait for it to be nine o'clock
**denn das Tier kam immer zu dieser Stunde**
because the Beast never missed coming at that hour
**Es gab nur eine Sache, die Schönheit betraf**
there was only one thing that concerned Beauty
**jeden Abend, bevor sie ins Bett ging, stellte ihr das Biest die gleiche Frage**
every night before she went to bed the Beast asked her the same question
**Das Monster fragte sie, ob sie seine Frau werden wolle**
the monster asked her if she would be his wife
**Eines Tages sagte sie zu ihm: „Biest, du machst mir große Sorgen."**
one day she said to him, "Beast, you make me very uneasy"
**„Ich wünschte, ich könnte einwilligen, dich zu heiraten"**
"I wish I could consent to marry you"
**„Aber ich bin zu aufrichtig, um dir zu glauben zu machen, dass ich dich heiraten würde"**
"but I am too sincere to make you believe I would marry you"
**„Unsere Ehe wird nie stattfinden"**
"our marriage will never happen"
**„Ich werde dich immer als Freund sehen"**
"I shall always see you as a friend"

„Bitte versuchen Sie, damit zufrieden zu sein"
"please try to be satisfied with this"
„Damit muss ich zufrieden sein", sagte das Tier
"I must be satisfied with this," said the Beast
„Ich kenne mein eigenes Unglück"
"I know my own misfortune"
„aber ich liebe dich mit der zärtlichsten Zuneigung"
"but I love you with the tenderest affection"
„Ich sollte mich jedoch als glücklich betrachten"
"However, I ought to consider myself as happy"
"und ich würde mich freuen, wenn du hier bleibst"
"and I should be happy that you will stay here"
„versprich mir, mich nie zu verlassen"
"promise me never to leave me"
**Schönheit errötete bei diesen Worten**
Beauty blushed at these words
**Eines Tages schaute die Schönheit in ihren Spiegel**
one day Beauty was looking in her mirror
**ihr Vater hatte sich schreckliche Sorgen um sie gemacht**
her father had worried himself sick for her
**sie sehnte sich mehr denn je danach, ihn wiederzusehen**
she longed to see him again more than ever
„Ich könnte versprechen, dich nie ganz zu verlassen"
"I could promise never to leave you entirely"
„aber ich habe so ein großes Verlangen, meinen Vater zu sehen"
"but I have so great a desire to see my father"
„Ich wäre unendlich verärgert, wenn Sie nein sagen würden"
"I would be impossibly upset if you say no"
"Ich würde lieber selbst sterben", sagte das Monster
"I had rather die myself," said the monster
„Ich würde lieber sterben, als dir Unbehagen zu bereiten"
"I would rather die than make you feel uneasiness"
„Ich werde dich zu deinem Vater schicken"
"I will send you to your father"

„Du sollst bei ihm bleiben"
"you shall remain with him"
"und dieses unglückliche Tier wird stattdessen vor Kummer sterben"
"and this unfortunate Beast will die with grief instead"
"Nein", sagte die Schönheit weinend
"No," said Beauty, weeping
„Ich liebe dich zu sehr, um die Ursache deines Todes zu sein"
"I love you too much to be the cause of your death"
„Ich verspreche Ihnen, in einer Woche wiederzukommen"
"I give you my promise to return in a week"
„Du hast mir gezeigt, dass meine Schwestern verheiratet sind"
"You have shown me that my sisters are married"
„und meine Brüder sind zur Armee gegangen"
"and my brothers have gone to the army"
"Lass mich eine Woche bei meinem Vater bleiben, da er allein ist"
"let me stay a week with my father, as he is alone"
"Morgen früh wirst du dort sein", sagte das Tier
"You shall be there tomorrow morning," said the Beast
„Aber denk an dein Versprechen"
"but remember your promise"
„Sie brauchen Ihren Ring nur auf den Tisch zu legen, bevor Sie zu Bett gehen."
"You need only lay your ring on a table before you go to bed"
"Und dann werdet ihr vor dem Morgen zurückgebracht"
"and then you will be brought back before the morning"
„Lebe wohl, liebe Schönheit", seufzte das Tier
"Farewell dear Beauty," sighed the Beast
Die Schönheit ging an diesem Abend sehr traurig ins Bett
Beauty went to bed very sad that night
weil sie das Tier nicht so besorgt sehen wollte
because she didn't want to see Beast so worried
am nächsten Morgen fand sie sich im Haus ihres Vaters

**wieder**
the next morning she found herself at her father's home
**sie läutete eine kleine Glocke neben ihrem Bett**
she rung a little bell by her bedside
**und das Dienstmädchen stieß einen lauten Schrei aus**
and the maid gave a loud shriek
**und ihr Vater rannte nach oben**
and her father ran upstairs
**er dachte, er würde vor Freude sterben**
he thought he was going to die with joy
**er hielt sie eine Viertelstunde lang in seinen Armen**
he held her in his arms for quarter of an hour
**irgendwann waren die ersten Grüße vorbei**
eventually the first greetings were over
**Schönheit begann daran zu denken, aus dem Bett zu steigen**
Beauty began to think of getting out of bed
**aber sie merkte, dass sie keine Kleidung mitgebracht hatte**
but she realized she had brought no clothes
**aber das Dienstmädchen sagte ihr, sie habe eine Kiste gefunden**
but the maid told her she had found a box
**der große Koffer war voller Kleider und Kleider**
the large trunk was full of gowns and dresses
**jedes Kleid war mit Gold und Diamanten bedeckt**
each gown was covered with gold and diamonds
**Schönheit dankte dem Tier für seine freundliche Pflege**
Beauty thanked Beast for his kind care
**und sie nahm eines der schlichtesten Kleider**
and she took one of the plainest of the dresses
**Die anderen Kleider wollte sie ihren Schwestern schenken**
she intended to give the other dresses to her sisters
**aber bei diesem Gedanken verschwand die Kleidertruhe**
but at that thought the chest of clothes disappeared
**Das Biest hatte darauf bestanden, dass die Kleidung nur für sie sei**
Beast had insisted the clothes were for her only

**ihr Vater sagte ihr, dass dies der Fall sei**
her father told her that this was the case
**und sofort kam die Kleidertruhe wieder zurück**
and immediately the trunk of clothes came back again
**Schönheit kleidete sich mit ihren neuen Kleidern**
Beauty dressed herself with her new clothes
**und in der Zwischenzeit gingen die Mägde los, um ihre Schwestern zu finden**
and in the meantime maids went to find her sisters
**Ihre beiden Schwestern waren mit ihren Ehemännern**
both her sister were with their husbands
**aber ihre beiden Schwestern waren sehr unglücklich**
but both her sisters were very unhappy
**Ihre älteste Schwester hatte einen sehr gutaussehenden Herrn geheiratet**
her eldest sister had married a very handsome gentleman
**aber er war so selbstgefällig, dass er seine Frau vernachlässigte**
but he was so fond of himself that he neglected his wife
**Ihre zweite Schwester hatte einen geistreichen Mann geheiratet**
her second sister had married a witty man
**aber er nutzte seinen Witz, um die Leute zu quälen**
but he used his wittiness to torment people
**und am meisten quälte er seine Frau**
and he tormented his wife most of all
**Die Schwestern der Schönheit sahen sie wie eine Prinzessin gekleidet**
Beauty's sisters saw her dressed like a princess
**und sie waren krank vor Neid**
and they were sickened with envy
**jetzt war sie schöner als je zuvor**
now she was more beautiful than ever
**ihr liebevolles Verhalten konnte ihre Eifersucht nicht unterdrücken**
her affectionate behaviour could not stifle their jealousy

**Sie erzählte ihnen, wie glücklich sie mit dem Tier war**
she told them how happy she was with the Beast
**und ihre Eifersucht war kurz vor dem Platzen**
and their jealousy was ready to burst
**Sie gingen in den Garten, um über ihr Unglück zu weinen**
They went down into the garden to cry about their misfortune
**„Inwiefern ist dieses kleine Geschöpf besser als wir?"**
"In what way is this little creature better than us?"
**„Warum sollte sie so viel glücklicher sein?"**
"Why should she be so much happier?"
**„Schwester", sagte die ältere Schwester**
"Sister," said the older sister
**„Mir ist gerade ein Gedanke gekommen"**
"a thought just struck my mind"
**„Versuchen wir, sie länger als eine Woche hier zu behalten"**
"let us try to keep her here for more than a week"
**„Vielleicht macht das das dumme Monster wütend"**
"perhaps this will enrage the silly monster"
**„weil sie ihr Wort gebrochen hätte"**
"because she would have broken her word"
**"und dann könnte er sie verschlingen"**
"and then he might devour her"
**"Das ist eine tolle Idee", antwortete die andere Schwester**
"that's a great idea," answered the other sister
**„Wir müssen ihr so viel Freundlichkeit wie möglich entgegenbringen"**
"we must show her as much kindness as possible"
**Die Schwestern fassten den Entschluss**
the sisters made this their resolution
**und sie verhielten sich sehr liebevoll gegenüber ihrer Schwester**
and they behaved very affectionately to their sister
**Die arme Schönheit weinte vor Freude über all ihre Freundlichkeit**
poor Beauty wept for joy from all their kindness
**Als die Woche um war, weinten sie und rauften sich die**

**Haare**
when the week was expired, they cried and tore their hair
**es schien ihnen so leid zu tun, sich von ihr zu trennen**
they seemed so sorry to part with her
**und die Schönheit versprach, noch eine Woche länger zu bleiben**
and Beauty promised to stay a week longer
**In der Zwischenzeit konnte die Schönheit nicht umhin, über sich selbst nachzudenken**
In the meantime, Beauty could not help reflecting on herself
**sie machte sich Sorgen darüber, was sie dem armen Tier antat**
she worried what she was doing to poor Beast
**Sie wusste, dass sie ihn aufrichtig liebte**
she know that she sincerely loved him
**und sie sehnte sich wirklich danach, ihn wiederzusehen**
and she really longed to see him again
**Auch die zehnte Nacht verbrachte sie bei ihrem Vater**
the tenth night she spent at her father's too
**sie träumte, sie sei im Schlossgarten**
she dreamed she was in the palace garden
**und sie träumte, sie sähe das Tier ausgestreckt im Gras liegen**
and she dreamt she saw the Beast extended on the grass
**er schien ihr mit sterbender Stimme Vorwürfe zu machen**
he seemed to reproach her in a dying voice
**und er warf ihr Undankbarkeit vor**
and he accused her of ingratitude
**Schönheit erwachte aus ihrem Schlaf**
Beauty woke up from her sleep
**und sie brach in Tränen aus**
and she burst into tears
**„Bin ich nicht sehr böse?"**
"Am I not very wicked?"
**„War es nicht grausam von mir, so unfreundlich gegenüber dem Tier zu sein?"**

"Was it not cruel of me to act so unkindly to the Beast?"
**„Das Biest hat alles getan, um mir zu gefallen"**
"Beast did everything to please me"
**"Ist es seine Schuld, dass er so hässlich ist?"**
"Is it his fault that he is so ugly?"
**„Ist es seine Schuld, dass er so wenig Verstand hat?"**
"Is it his fault that he has so little wit?"
**„Er ist freundlich und gut, und das genügt"**
"He is kind and good, and that is sufficient"
**„Warum habe ich mich geweigert, ihn zu heiraten?"**
"Why did I refuse to marry him?"
**„Ich sollte mit dem Monster glücklich sein"**
"I should be happy with the monster"
**„Schau dir die Männer meiner Schwestern an"**
"look at the husbands of my sisters"
**„Weder Witz noch Schönheit machen sie gut"**
"neither wittiness, nor a being handsome makes them good"
**„Keiner ihrer Ehemänner macht sie glücklich"**
"neither of their husbands makes them happy"
**„sondern Tugend, Sanftmut und Geduld"**
"but virtue, sweetness of temper, and patience"
**„Diese Dinge machen eine Frau glücklich"**
"these things make a woman happy"
**„und das Tier hat all diese wertvollen Eigenschaften"**
"and the Beast has all these valuable qualities"
**„es ist wahr, ich empfinde keine Zärtlichkeit und Zuneigung für ihn"**
"it is true; I do not feel the tenderness of affection for him"
**„aber ich empfinde für ihn die allergrößte Dankbarkeit"**
"but I find I have the highest gratitude for him"
**„und ich habe die höchste Wertschätzung für ihn"**
"and I have the highest esteem of him"
**"und er ist mein bester Freund"**
"and he is my best friend"
**„Ich werde ihn nicht unglücklich machen"**
"I will not make him miserable"

„Wenn ich so undankbar wäre, würde ich mir das nie verzeihen"
"If were I to be so ungrateful I would never forgive myself"
**Schönheit legte ihren Ring auf den Tisch**
Beauty put her ring on the table
**und sie ging wieder zu Bett**
and she went to bed again
**kaum war sie im Bett, da schlief sie ein**
scarce was she in bed before she fell asleep
**Sie wachte am nächsten Morgen wieder auf**
she woke up again the next morning
**und sie war überglücklich, sich im Palast des Tieres wiederzufinden**
and she was overjoyed to find herself in the Beast's palace
**Sie zog eines ihrer schönsten Kleider an, um ihm zu gefallen**
she put on one of her nicest dress to please him
**und sie wartete geduldig auf den Abend**
and she patiently waited for evening
**kam die ersehnte Stunde**
at last the wished-for hour came
**die Uhr schlug neun, doch kein Tier erschien**
the clock struck nine, yet no Beast appeared
**Schönheit befürchtete dann, sie sei die Ursache seines Todes gewesen**
Beauty then feared she had been the cause of his death
**Sie rannte weinend durch den ganzen Palast**
she ran crying all around the palace
**nachdem sie ihn überall gesucht hatte, erinnerte sie sich an ihren Traum**
after having sought for him everywhere, she remembered her dream
**und sie rannte zum Kanal im Garten**
and she ran to the canal in the garden
**Dort fand sie das arme Tier ausgestreckt**
there she found poor Beast stretched out
**und sie war sicher, dass sie ihn getötet hatte**

and she was sure she had killed him
**sie warf sich ohne Furcht auf ihn**
she threw herself upon him without any dread
**sein Herz schlug noch**
his heart was still beating
**sie holte etwas Wasser aus dem Kanal**
she fetched some water from the canal
**und sie goss das Wasser über seinen Kopf**
and she poured the water on his head
**Das Tier öffnete seine Augen und sprach mit der Schönheit**
the Beast opened his eyes and spoke to Beauty
**„Du hast dein Versprechen vergessen"**
"You forgot your promise"
**„Es hat mir das Herz gebrochen, dich verloren zu haben"**
"I was so heartbroken to have lost you"
**„Ich beschloss, zu hungern"**
"I resolved to starve myself"
**„aber ich habe das Glück, Sie wiederzusehen"**
"but I have the happiness of seeing you once more"
**„so habe ich das Vergnügen, zufrieden zu sterben"**
"so I have the pleasure of dying satisfied"
**„Nein, liebes Tier", sagte die Schönheit, „du darfst nicht sterben"**
"No, dear Beast," said Beauty, "you must not die"
**„Lebe, um mein Ehemann zu sein"**
"Live to be my husband"
**„Von diesem Augenblick an reiche ich dir meine Hand"**
"from this moment I give you my hand"
**„und ich schwöre, niemand anderes als Dein zu sein"**
"and I swear to be none but yours"
**„Ach! Ich dachte, ich hätte nur Freundschaft für dich."**
"Alas! I thought I had only a friendship for you"
**"aber der Kummer, den ich jetzt fühle, überzeugt mich;"**
"but the grief I now feel convinces me;"
**„Ich kann nicht ohne dich leben"**
"I cannot live without you"

**Schönheit hatte diese Worte kaum gesagt, als sie ein Licht sah**
Beauty scarce had said these words when she saw a light
**der Palast funkelte im Licht**
the palace sparkled with light
**Feuerwerk erleuchtete den Himmel**
fireworks lit up the sky
**und die Luft erfüllt mit Musik**
and the air filled with music
**alles kündigte ein großes Ereignis an**
everything gave notice of some great event
**aber nichts konnte ihre Aufmerksamkeit fesseln**
but nothing could hold her attention
**sie wandte sich ihrem lieben Tier zu**
she turned to her dear Beast
**das Tier, vor dem sie vor Angst zitterte**
the Beast for whom she trembled with fear
**aber ihre Überraschung über das, was sie sah, war groß!**
but her surprise was great at what she saw!
**das Tier war verschwunden**
the Beast had disappeared
**stattdessen sah sie den schönsten Prinzen**
instead she saw the loveliest prince
**sie hatte den Zauber beendet**
she had put an end to the spell
**ein Zauber, unter dem er einem Tier ähnelte**
a spell under which he resembled a Beast
**dieser Prinz war all ihre Aufmerksamkeit wert**
this prince was worthy of all her attention
**aber sie konnte nicht anders und musste fragen, wo das Biest war**
but she could not help but ask where the Beast was
**„Du siehst ihn zu deinen Füßen", sagte der Prinz**
"You see him at your feet," said the prince
**„Eine böse Fee hatte mich verdammt"**
"A wicked fairy had condemned me"

„Ich sollte diese Gestalt behalten, bis eine wunderschöne Prinzessin einwilligte, mich zu heiraten."
"I was to remain in that shape until a beautiful princess agreed to marry me"
„Die Fee hat mein Verständnis verborgen"
"the fairy hid my understanding"
„Du warst der Einzige, der großzügig genug war, um von meiner guten Laune bezaubert zu sein."
"you were the only one generous enough to be charmed by the goodness of my temper"
**Schönheit war angenehm überrascht**
Beauty was happily surprised
**und sie gab dem bezaubernden Prinzen ihre Hand**
and she gave the charming prince her hand
**Sie gingen zusammen ins Schloss**
they went together into the castle
**und die Schöne war überglücklich, ihren Vater im Schloss zu finden**
and Beauty was overjoyed to find her father in the castle
**und ihre ganze Familie war auch da**
and her whole family were there too
**sogar die schöne Dame, die in ihrem Traum erschienen war, war da**
even the beautiful lady that appeared in her dream was there
**"Schönheit", sagte die Dame aus dem Traum**
"Beauty," said the lady from the dream
„Komm und empfange deine Belohnung"
"come and receive your reward"
„Sie haben die Tugend dem Witz oder dem Aussehen vorgezogen"
"you have preferred virtue over wit or looks"
„und Sie verdienen jemanden, in dem diese Eigenschaften vereint sind"
"and you deserve someone in whom these qualities are united"
„Du wirst eine großartige Königin sein"

"you are going to be a great queen"
**„Ich hoffe, der Thron wird deine Tugend nicht schmälern"**
"I hope the throne will not lessen your virtue"
**Dann wandte sich die Fee an die beiden Schwestern**
then the fairy turned to the two sisters
**„Ich habe in eure Herzen geblickt"**
"I have seen inside your hearts"
**„und ich kenne die ganze Bosheit, die in euren Herzen steckt"**
"and I know all the malice your hearts contain"
**„Ihr beide werdet zu Statuen"**
"you two will become statues"
**„Aber ihr werdet euren Verstand bewahren"**
"but you will keep your minds"
**„Du sollst vor den Toren des Palastes deiner Schwester stehen"**
"you shall stand at the gates of your sister's palace"
**„Das Glück deiner Schwester soll deine Strafe sein"**
"your sister's happiness shall be your punishment"
**„Sie werden nicht in Ihren früheren Zustand zurückkehren können"**
"you won't be able to return to your former states"
**„es sei denn, Sie beide geben Ihre Fehler zu"**
"unless, you both admit your faults"
**„Aber ich sehe voraus, dass ihr immer Statuen bleiben werdet"**
"but I am foresee that you will always remain statues"
**„Stolz, Zorn, Völlerei und Faulheit werden manchmal besiegt"**
"pride, anger, gluttony, and idleness are sometimes conquered"
**„aber die Bekehrung neidischer und böswilliger Gemüter sind Wunder"**
"but the conversion of envious and malicious minds are miracles"
**sofort strich die Fee mit ihrem Zauberstab**

immediately the fairy gave a stroke with her wand
**und im nächsten Augenblick waren alle im Saal entrückt**
and in a moment all that were in the hall were transported
**Sie waren in die Herrschaftsgebiete des Fürsten eingedrungen**
they had gone into the prince's dominions
**die Untertanen des Prinzen empfingen ihn mit Freude**
the prince's subjects received him with joy
**der Priester heiratete die Schöne und das Biest**
the priest married Beauty and the Beast
**und er lebte viele Jahre mit ihr**
and he lived with her many years
**und ihr Glück war vollkommen**
and their happiness was complete
**weil ihr Glück auf Tugend beruhte**
because their happiness was founded on virtue

**Das Ende**
The End

www.ingramcontent.com/pod-product-compliance
Lightning Source LLC
Chambersburg PA
CBHW012011090526
44590CB00026B/3971